ٹیکنالوجی کی تاریخ، حال اور اِس کا مستقبل

History, Present and Future of Technology

دیباچہ

السلام علیکم! کیسے ہیں آپ لوگ؟ میرا نام ہے ریحان اللہ والا اور آج ہم کچھ بات کریں گے اِس دنیا کی کرنٹ نیچر پر اور یہ کہ ٹیکنالوجی کی وجہ سے دنیا کیسی ہوگئی ہے؟

میں نے حال ہی میں ایک کتاب پڑھی جسکا نام ہے، دی ورلڈ از فلیٹ (The World is Flat) اسکو تھومس فریڈمن (Thomas Freedmen) نے لکھا ہے آپ اسکو ضرور پڑھیں یہ آڈیو میں بھی ہے اور کتاب میں بھی ہے۔ اگر آپ اسکو سننا چاہیں تو http://RehantU.com/flat پر موجود ہے آپ اس کو ڈاون لوڈ کر سکتے ہیں اور سن سکتے ہیں۔ آج 2013ء میں ہم دنیا کے شہری ہونیکی حیثیت سے اتنے ہی پاور فل ہوگئے ہیں کہ جیسے ایک امریکہ کا شہری ہو یا پاکستان کا۔ سب کے پاس ایک جیسے مواقع موجود ہیں۔ جو مواقع ہم سمجھتے تھے کہ وہ ہمارے لئے نہیں ہیں اب وہ مواقع موجود ہیں ہر اُس انسان کیلئے جو کہ کمپیوٹر پر کام کرنا جانتا ہے۔ مثلاً اگر آپ نیو یارک میں رہتے ہیں یا کراچی میں یا چیچہ وطنی میں رہتے ہیں اگر آپ کے پاس انٹرنیٹ ہے اور کمپیوٹر ہے تو آپ اتنے ہی طاقت ور ہیں جتنا کہ ایک آدمی جو کہ نیو یارک میں رہتا ہے۔ اسکی جو بنیادی وجہ ہے وہ ہے انٹرنیٹ۔

انٹرنیٹ کی ابتدا ر تاریخ

جدید انٹرنیٹ کے اندر سرمایہ کاری تقریباً 1995 سے لیکر 1999 تک شروع ہوئی اور انٹرنیٹ بہت تیزی سے پھیلنا شروع ہوگیا۔ لوگوں نے امریکہ میں Nasdaq کی اسٹاک ایکسچینج (Stock Exchange) میں بہت سارے پیسے لگانا شروع کردیئے اور عالمی سطح پر (Globally) چاروں طرف فائیبر آپٹکس (Fiber Optics) کی تاریں پھیلانا شروع کردی گئیں۔ اس حوالے سے کہ اب لوگ انٹرنیٹ بہت استعمال کریں گے، تو چھوٹی بڑی کمپنیاں، سبھی کو لاکھوں اربوں ڈالر کی انوسٹمنٹ ملنا شروع ہوگئی اور جس کے نتیجے میں آج تک تقریباً ایک ٹرلین ڈالر (One trillion Dollar) کا فائیبر آپٹکس پوری دنیا میں ڈالا جا چکا ہے۔ اِس ایک ٹرلین ڈالر کے فائیبر آپٹکس کے پھیلنے سے فائدہ یہ ہوا کہ جو بینڈوڈتھ یعنی Internet کی speed کی قیمت تھی وہ بہت زیادہ کم ہوگئی۔

سن 2000ء میں NASDAQ جو کہ امریکہ کی سب سے بڑی اسٹاک ایکسچینج مارکیٹ تھی، وہ 7000 پوائنٹس سے گر کر 2000 پوائنٹس پر آ گئی۔ مارکیٹ کے گرنے سے اور کمپنیوں کے بند ہونے سے سب سے زیادہ فائدہ ہمارے جیسے مما لک کو ہوا، خاص طور پر پاکستان، انڈیا، بنگلہ دیش کو ہوا۔ فائدے کی وجہ یہ تھی کہ سافٹ ویئر سے متعلق جو کام لوگ امریکہ میں پہلے کراتے تھے، وہی کام نسبتاً سستے داموں میں امریکہ سے باہر کے مما لک سے کرانا شروع کردیا۔ اِسکی بہت ساری وجوہات ہیں جن پر میں آگے مزید بات کروں گا کہ کس طرح دنیا چپٹی ہونا شروع ہوئی اور یہ مواقع دنیا بھر میں پھیلنا شروع ہوئے۔

سب سے بڑی وجہ جو میں نے بتائی کہ وہ انٹرنیٹ ہے اور انٹرنیٹ کی اس ٹرلین ڈالر کی انویسٹمینٹ کے بعد ایسے tools/اوزار جو ہمارے پاس آئے جیسے کہ اسکائپ (Skype) ،جنکی وجہ سے کوئی فرق نہیں پڑتا کہ آپ امریکہ میں رہتے ہیں یا آپ انڈیا میں، آپ بات آرام سے مفت میں بات کر سکتے ہیں۔ بہت لوگ (cost) کر سکتے تھے جسکی وجہ خاص طور پر وہ بڑی بڑی کمپنیز جو تھیں انھوں نے آوٹ سورسنگ (out sourcing) شروع کر دی ایسے کاموں کی جو کہ انٹرنیٹ کے ذریعے ہوسکتا ہو۔آج کے دور میں آوٹ سورسنگ کی جو بڑی مثال ہے وہ اکاوٗنٹنگ ہے، کال سینٹر ہے، ڈیٹا مائنگ ہے، ہر وہ کام جہاں پر کمپیوٹر کا استعمال ہوسکتا ہو وہ آوٹ سورس کر دی گئیں۔

اسی طرح اگر آپ نیویارک میں ہوں اور مکڈونلڈ کے ڈرائیوتھرو میں آرڈر دیں تو ہوسکتا ہے کہ وہ آرڈر کراچی یا کولکتہ میں لیا جا رہا ہو۔اسی طریقے سے جو ائیر لائنز (Air Lines) کی بلنگز ہیں، جب آپ فون کرتے ہیں لوکل نمبر پر اور ائیر لائن کی اپنی reservation کرا رہے ہوتے ہیں تو اِس سے اب کوئی فرق نہیں پڑتا ہے کہ وہ بندہ کراچی میں رہتا ہو یا چیچہ وطنی میں بیٹھا ہو، کیوں کہ کال سینٹر آوٹ سورس کر دیے گئے ہیں۔

ایک بڑی دلچسپ مثال Jet BlueAirways (JetBlue.com) کی ہے، جس کا کال سینٹر انجنٹ اپنے ہی گھر میں بیٹھ کر نوکری کرتا ہے۔تو تھامس فریڈمین نے جب ٹکٹ بُک کرنے کے لیے کال کی، تو وہ کال ایک خاتون نے اٹھائی اور کھا کہ ہیلو میں آپ کی کیا مدد کر سکتی ہوں؟۔تھامس نے پوچھا کہ آپ ابھی کہاں ہیں؟ تو خاتون نے جواب دیا کہ میں اپنے گھر میں 1st Floor پر ہوں Salt Lake City میں، اور مجھے میرے گھر کے سامنے Salt Lake نظر آرہا ہے اور میں بہت خوش ہوں۔

اس کام کی وجہ سے ایک تو لوگوں کی آنے جانے کی ٹرانسپورٹیشن کی قیمت کم ہوگئی۔اس کے علاوہ لوگ زیادہ خوش ہوئے کہ اپنی فیملی کیساتھ وہ کھانا کھا سکتے ہیں اور اسی طرح کوئی اور مسئلہ ہو تو اس کو نمٹا سکتے ہیں۔ اِس طرح لوگ زیادہ خوش رہنے لگے اور پروڈکٹیوٹی بجائے کم ہونے کے اُوپر جانا شروع ہوئی۔ یہ ہوئی اِن کنٹری آوٹ سورسنگ اور انٹرنیشنل آوٹ سورسنگ۔

ان باتوں سے ہمیں پتہ چلا کی دنیا کے اندر فاصلے مٹ گئے ہیں اور یہ چپٹی ہوگئی ہے۔اب ہم نے یہ دیکھنا ہے کہ اس (Opportunity) سے ہم بحثییت فرد اور بحثییت قوم کیسے فائدہ اٹھائیں؟

آئیں مزید دیکھتے ہیں کہ وہ کونسی ایسی چیزیں ہیں جنکی وجہ سے دنیا مزید چپٹی ربرابر ہوگئی؟ ایک تو میں نے انٹرنیٹ کا ذکر کیا کہ تقریباً ایک ٹریلین ڈالر، ایک کھرب ڈالر، یعنی کہ تقریباً ایک سو کھرب روپے کی انویسٹمینٹ ہوئی جو مختلف کمپنیز نے کی جو کہ بعد میں ختم ہوگئیں، لیکن وہ کمپنیز پھر زیادہ تر انڈین کمپنیز نے، جیسے کہ ٹاٹا کمیونیکیشن نے خرید لیں۔اور بھی کئی انٹرنیشل ادارے ہیں جنہوں نے ان کو خریدا اور زیادہ تر اب وہ امریکی ملکیت بھی نہیں رہی ہیں۔

What is a Global Company?

ایک اور بات، اس سے پہلے کہ ہم آگے جائیں کہ یہ کونسے عناصر ہیں، ہم ایک بات سمجھنے کی کوشش کرتے ہیں کہ گلوبل کمپنی کسے کہا جاتا ہے؟ اور امریکن کمپنی یا کسی اور ملک کی کمپنی کا مطلب کیا ہوتا ہے؟ وہ کیا بات ہے کہ آپ کہتے ہیں کہ یہ امریکن کمپنی ہے؟ مثال کہ طور پر

HP(Hewlett-Packard)، جس کو مسٹر ہلیولڈاور مسٹر پیکرڈ نے 1939ء میں امریکہ میں اپنے گھر کے گیراج سے شروع کیا۔ جسمیں آج تقریباً ڈیڑھ لاکھ لوگ کام کرتے ہیں، لیکن Hewlett-Packard امریکہ کے اندر ہیڈ آفس ہونے کے باوجود، جرمنی کے اندر بڑی IT کمپنی ہے، ساؤتھ افریقہ کے اندر سب سے بڑی کمپنی ہے Russia کے اندر سب سے بڑی IT کمپنی ہے، اب اگر Hewlett-Packard بند ہوتی ہے تو کس ملک کی کمپنی بند ہو رہی ہے؟ کیا چالیس ہزار امریکہ میں کام کرنے والے ہیں اور ایک لاکھ سے زیادہ امریکہ سے باہر ہیں تو کیا وہ امریکن کمپنی ہوئی؟ یا نہیں ہوئی؟ یہ ایک بڑا زبردست سوال ہے۔

خیر میں جس ارادے میں کام کرتا ہوں اس ادارے کا ہیڈ کواٹر بھی امریکہ میں ہے اور زیادہ تر کام کرنے والے امریکہ سے باہر ہیں، تو کیا ہماری کمپنی امریکن ہوئی؟ یا نہیں ہوئی؟ ہم امریکہ میں ٹیکس دیتے ہیں، ہم دوسرے ملکوں میں بھی ٹیکس دیتے ہیں، تو یہ کونسے ملک کی کمپنی ہوئی؟ بڑا مزیدار سوال ہے۔۔۔اِسی طرح سے Rolls-Royce نامی کمپنی، جرمنی کے اندر کچھ شہروں میں سب سے بڑی Employer ہے۔ Rolls-Royce کے چیئرمین کو جرمنی کے چانسلر نے کہا کہ آپ ہمارے ساتھ Russia چلیں، اور Russia میں انویسمنٹ کریں، تو کیا وہ انگلش کمپنی ہے یا جرمن کمپنی ہے؟

گلوبلائیز ورلڈ ہونے کی وجہ سے opportunities مختلف ہوگئی ہیں۔ اب ہمیں سوچنے کی ضرورت ہے کہ اب ہم دنیا میں کس طریقے سے آگے چلیں گے؟

Flattening کا یا برابری کی سب سے بڑی جو وجہ تھی وہ تھی انٹرنیٹ، اور انٹرنیٹ ایک نیٹ ورک ہے جو پوری دنیا میں آپس میں کمپیوٹرز کو connect کرتا ہے۔ جتنے بھی کمپیوٹر

سرور لگے ہوئے ہوتے ہیں انکو جب ہم آپس میں کنیکٹ کر لیتے ہیں تو انٹرنیٹ بن جاتا ہے۔

انٹرنیٹ آنے کے بعد لوگوں نے جس چیز کا استعمال سب سے زیادہ کیا ,وہ ہے ای میل (email)۔ای میل ایک ایسی چیز تھی کہ جس سے آپ کراچی میں بیٹھ کر کراچی ای میل کریں یا کراچی میں بیٹھ کر کراچی سے باہر ای میل کریں، چیچہ وطنی یا نیویورک ای میل کریں، قیمت برابر ہوتی ہے۔

1996ء میں، میں ایک کمپنی کے ساتھ کام کرتا تھا اسکا نام تھا BRAINET اور اس سے پہلے ایک اور کمپنی تھی اس کا نام تھا Info-Link۔وہ کمپنی ایک روپیہ میں ایک ای میل بھیجتی تھی۔ چاہے آپ کراچی ای میل کریں یا نیویارک ای میل کریں، قیمت برابر ہی ہوتی تھی۔ اس ای میل کی وجہ سے دنیا چپٹی ہونا شروع ہوگئی،لوگوں کی کمیونیکشن بڑھنا شروع ہوگئی۔اس سے پہلے فیکس مشین تھی جو کہ 300 روپے میں پاکستان سے امریکہ یا 100 روپے میں کراچی سے لاہور ایک صفحہ بھیجتی تھی۔

ای میل کے اوپر گروپس ہوتے تھے، جیسے کہ آج کل Yahoo Groups ہوتے ہیں Google Groups ہوتے ہیں یا پھر Facebook Groups ہوتے ہیں۔ اسی طریقے سے اس وقت بھی ای میل کے گروپس ہوتے تھے۔یہ 1995-1996 کی بات ہے، میں نے ایک گروپ جوائین کیا،اسکا نام تھا انٹرنیشنل ٹیچر یا انٹرنیشنل دوست۔اور اسی گروپ میں سے ایک دن مجھے ایک ای میل نظر آئی ، ایک خاتون نے ای میل کی کہ ہم کو انڈیا سے ایسے لوگ چاہیئے ہیں جو اپنے کلچر کے بارے میں ہمارے بچوں کو بتا سکیں۔تو اس کا

میں نے جواب دیدیا کہ میں پاکستان سے ہوں، کیا میں بھی جواب دے سکتا ہوں؟ آپ کے بچوں سے بات کر سکتا ہوں ؟وہ ای میل Suzanne Slay نے لکھی تھی اور Suzanne Slay ایک Carver Middle School میں انگلش کی ٹیچر تھی ۔تو انہوں نے جواب دیا کہ ہاں آپ بلکل بات کر سکتے ہیں، آپ اپنے بارے میں بتائیں، پھر ہم نے Email کرنا شروع کی ۔ان سے میری بات روزانہ ہوتی رہی یہاں تک کہ وہ میری اچھی دوست بن گئیں ۔اور جب امریکہ میں، میں نے کمپنی بنائی تو وہ میری کمپنی میں وائس پریزڈنٹ کے طور پر کام کرنے لگیں۔

یہ ہوا نتیجہ اُس انٹرنیٹ کا جو آرمی کیلیئے بنایا گیا تھا،لیکن بعد میں اس کو ایک عام آدمی نے بھی استعمال کیا اور اس سے ایک تبدیلی آنا شروع ہوگئی۔

ای میل کے آنے کے بعد جو دوسری چیز آئی وہ ہے ویب، انٹرنیٹ ۔ویب 1996ء سے پہلے ٹکسٹ ہوتا تھا، گرافکس نہیں ہوتی تھی ۔ایک سافٹ وئیر ہوتا تھا جس پر جا کر لوگ چیزوں کو browse کیا کرتے تھے۔ ویب کے آنے سے پہلے لوگ ftp استعمال کیا کرتے تھے اور Use Net گرپس ہوتے تھے، انکو استعمال کرتے تھے۔ان گرپس کو استعمال کرنے کے بعد کسی نے کہا کہ ہمارے کمپیوٹر میں Information رکھی ہے ہم اس کو شیئر کرنا چاہتے ہیں۔تو سب سے پہلے Caltech Institute نے ویب سرور کا سافٹ وئیر بنایا ،اور اسکے بعد ایک سوفٹ وئیر Mosaic کے نام سے ہوتا تھا، جس سے آپ ویب براوزنگ کر سکتے تھے۔ پھر ایک انٹرنیٹ سرچ انجن Altavista کے نام سے آیا، وہاں جا کر آپ چیزوں کو سرچ کر سکتے تھے۔

اس وقت سرچ انجن جو تھے وہ لوگ manually بناتے تھے، یعنی کہ لوگ لنک بھیجتے تھے تو

کمپنی اپنی ویب سائٹ پر اس کو ارینج کر کے ڈائریکٹری کی شکل بنا دیتی تھی اور Indexing کرتی تھی۔ اس کے بعد ایک Browser آیا اس کا نام تھا Netscape اور اس کے آنے کے بعد بہت تبدیلیاں آئیں کیونکہ Netscape میں گرافکس ہوتی تھیں، اور HTML2 کام کرتا تھا۔ ان گرافکس کے ہونے کی وجہ سے لوگوں کو بہت رِچ ٹکسٹ نظر آتا تھا۔ یعنی لوگوں کو تصویریں بھی نظر آتی تھیں اور ٹکسٹ بھی، اور وہ پہلی کمپنی تھی جس نے بلین سے اوپر کراس کر کے، دو سے ڈھائی بلین ڈالر کا NASDAQ میں IPO(Initial Public Offer) ہوا اور اس کے بعد NASDAQ کی مارکیٹ میں Boom آنا شروع ہوا۔

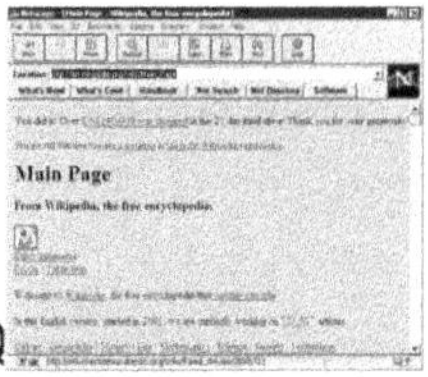

اسی دوران 1997ء میں hotmai کا وجود عمل میں آیا جس کے موجد تھے مسٹر سبیر بھاٹیا (Mr. Sabeer Bhatia)

۔ اس Email کا احساس انھیں اُس وقت ہوتا جب ہو انڈیا جاتے۔ ان کی خواہش تھی کہ ایک ایسا سسٹم بنایا جائے کہ جس سے ویب کے ذریعے میل (Mail) پڑھی جا سکے۔ اس سے پہلے ویب کی ای میل وجود میں ہی نہیں تھی۔ لوگ سوفٹوئیر کے ذریعے ای میل ڈاؤن لوڈ کرتے تھے، پوپ تھری کلائنٹ ہوتے تھے، میں اس وقت Pegasus Mail استعمال کرتا تھا اور اس سے پہلے Win Mail استعمال کرتا تھا جب UUCP ہوتا تھا۔ لیکن جب Hotmail بنائی گئی تو وہ اتنی مقبول ہوئی کہ تھوڑے ہی عرصہ کے بعد اسکو Microsoft نے 400 ملین ڈالر یعنی آج کے تقریباً چار ارب روپے میں خریدلیا۔ یہ

Microsoft کی پہلی Acquisition تھی جو اتنی مہنگی تھی جسکی وجہ سے میں سمجھتا ہوں دوبارہ ٹیکنالوجی میں بہت بوم آیا۔

اس کے بعد جب Browsing شروع ہوئی تو پھر سرچ انجن جیسے کہ Yahoo آیا، Yahoo نے ای میل بنائی جو Yahoo Mail کے نام سے جانی گئی، اسی طرح آہستہ آہستہ بہت ساری کمپنیاں بنائی گئی۔ میری جو پہلی ویب سائٹ تھی جو میں نے سب سے پہلے 1996 ء میں بنائی، اس کا نام تھا TPCG.com اور میری ایک کمپنی تھی اس کا نام تھا Pakistan Computers۔ اس وقت بھی مجھے زیادہ کام کرنے کا شوق تھا تو میں نے The Pakistan Computers group کے نام سے ایک وئیب سائیٹ بنائی اور اس کے بعد جو دوسرا domain میں نے خریدا، وہ تھا Paki.com، پھر تیسرا domain تھا Rehan.com، اور چوتھا domain جو میں نے خریدا وہ تھا Pakistan-net.com

pakistan-net.com ایک ایسی ویب سائٹ تھی جس پر کوئی بھی جا کر اپنی مرضی کا پیج ڈیزائین کرسکتا تھا۔ سائٹ پر جا کر User کو اپنی انفارمیشن کا فارم پُر کرنا ہوتا تھا اور Enter کرنے پر User کی ویب سائیٹ تیار ہوجاتی تھی۔ بالکل اسی طرح جیسے آج Facebook پر آپ جاتے ہیں اپنا نام وغیرہ (Fill) کرتے ہیں تو آپکا ایک Page بن جاتا ہے۔ جسمیں آپکی انفارمیشن ہوتی ہے اور لوگ آپ کو ڈھونڈ سکتے ہیں۔ Pakistan-net.com ناصر نے بنائی تھی اور اُس پر تقریباً 30000 pages بن چکے تھے۔ لیکن اُس وقت اُس میں Editing کا آپشن نہیں تھا۔ اس وقت تک ہمارے پاس Data Bases کے سوفٹویئر نہیں تھے بس HTML کے پیجز بناتے تھے۔ جب آگے

چلے تو Paki.com سائٹ بنائی گئی۔اُن دنوں وائس چیٹ (Voice Chat) کا بُوم آیا ہوا تھا۔ وائس چیٹ کے سرور ہم نے Paki.com میں انسٹال کیے۔اس وقت ہمارے پاس تقریباً دن کے 8000/9000 لوگ آنا شروع ہوگئے،تو میں نے اُسی سائٹ پر بہت سارے Affiliate کے لنک لگا دیئے۔ Affiliate کے لنک لگانے سے یہ ہوا کہ جو لوگ وائس چیٹ کرنے آتے تھے تو وہ کسی بھی چیز پر Click بھی کر دیتے تھے اور کہیں Signup بھی کر لیتے تھے جیسے کہ وائس میل سروس یا فیکس سروس یا اور کوئی سروس۔

خیر، Browser اور Email کے آنے کے بعد لوگوں کی نالج میں اضافہ ہونا شروع ہوگیا۔لوگوں کے پاس جو جو علم تھا، وہ انہوں نے لکھنا شروع کیا اور اپنی ویب سائٹس پر ڈالنا شروع کیا۔اُس وقت تک Blogging کا تصور نہیں تھا، لوگوں کو html زبان سیکھنی ہوتی تھی۔پھر Microsoft نے ایک سافٹ ویئر نے بنایا جس کا نام انھوں نے Front Page رکھا۔ Front Page کے آنے سے Page بنانا آسان ہوگیا۔ Pages کو بنانے کے بعد بس Publish کرنا ہوتا تھا اور وہ Publish ہو جاتا۔آج یہ باتیں اتنی مزے کی اور مزاحیہ سی لگتی ہیں کہ ایسا لگتا ہے کہ یہ بہت پرانا زمانہ تھا مگر جتنی بھی باتیں میں کر رہا ہوں یہ صرف اور صرف دس بارہ سال پہلے کا زمانہ تھا۔ دس بارہ سال کے اندر جو Revolution آیا ہے وہ میری نظروں کے سامنے آیا ہے۔

ایک دفعہ کی بات ہے میں کسی کے گھر دعوتِ افطار پر گیا۔اُن صاحب نے مجھ سے پوچھا کہ بیٹا تم کیا کرتے ہو؟ یہ 1996/1997ء کی بات ہے، میں نے کہا ''انکل میں ای میل بیچتا ہوں''۔انہوں نے کہا کہ ای میل کیا ہوتا ہے؟ انہی صاحب کی چار سال بعد پاکستان کے اندر ایک بڑی ISP (Internet Service Provider) کی کمپنی بنی۔تو چینجز جو

آتے گئے وہ اتنی تیزی سے آتے گئے یقین نہیں آتا۔

ایک Law ہے، جو کہ Morse Law کہلاتا ہے۔Morse Law کے مطابق صرف 18 مہینے میں ٹیکنالوجی کی قیمت آدھی اور اسپیڈ ڈبل ہوجاتی ہے۔ یہی وجہ ہے کہ Constantly ہمارے پاس جو ٹیکنالوجی آتی جارہی ہے وہ grow ہوتی جارہی ہے میں نے اپنا پہلا ویڈیو کیمرہ جب خریدا تھا تو اس وقت میں 22-20 سال کا تھا اور اُسوقت اسکی کی قیمت 35000 روپے تھی، یعنی تقریباً 500 ڈالر۔ آج ہم جس کیمرہ سے ویڈیو بنا رہے ہیں اس کا نام ہے فلیپ اور اس کی قیمت میں نے 30 ڈالر یعنی تین ہزار روپے ادا کی ہے اور اسکی جو کوالٹی ہے اگر اُس وقت ہم اِس کو خریدتے جب یہ ٹیکنالوجی تھی موجود بھی نہیں اور اگر ہوتی تو شاید 40/50 لاکھ کی ہوتی۔

ٹیکنالوجی کی جو اسپیڈ چینج آئی ہے اس اسپیڈ کی وجہ سے میرے اندر ایک تبدیلی آئی ہے، وہ یہ کہ مجھ سے پرانا کام ہوتا ہی نہیں۔ میں اپنے والد کی دکان پر جا کر بیٹھتا تھا۔ ان کے پاس وہی پانچ کسٹمر روزانہ کے ہوتے، وہ ہی سوال کرتے جسکا میں جواب دیتا۔ میرے لئے یہ بہت مشکل ہوجاتا تھا کہ میں ان کو جواب دے سکوں کیوں کہ مجھے بورنگ لگتا تھا کہ کل بھی یہ بات کہی تھی آج بھی یہ ہی بات کہہ رہے ہیں۔ میرا دل چاہتا تھا کہ میں Cassette میں اپنی آواز ریکارڈ کرلوں اور جب بھی وہ سوال کریں تو میں اس کو چلادوں۔ میرے اندر جو تبدیلی آئی اور اپنے چاروں طرف جتنے بھی لوگ میں نے دیکھے ہیں جنہوں نے وہ چیز سیکھی تو معلوم ہوا کہ چینج کو بہت جلدی قبول کرنا پڑے گا ورنہ آپ پیچھے رہ جائیں گے۔

ایک اور وہ چیز جو اس کے بعد ہم استعمال کرتے تھے 1996/1997ء میں، وہ تھا IRC

MIRC chat ایک freeware سوفٹوئیر تھا جس پر لوگ کر چیٹ کرتے تھے اس چیٹ پر مجھے ایک دن ایک آدمی ملا اور اس نے کہا کہ ICQ ایک سوفٹوئیر ہے وہ آپ ڈاون لوڈ کریں، خود کو اُس پر رجسٹرڈ کریں اور مجھے add کریں۔ میں نے سوچا کہ یہ آدمی نجانے کیا اول فول بات کر رہا ہے۔ خیر، میں نے ICQ ڈاون لوڈ کر لیا اور چلایا تو مجھے ایک نمبر ملا 130844 ۔ یہ میرا ICQ نمبر تھا۔ اس پر جب میں نے لوگ add کیے تو دماغ بالکل پھٹنا شروع ہوگیا۔ وہ آدمی امریکہ میں کہیں تھا۔ میں اسکو میسج لکھتا اور enter کرتا تو میرا پیغام اُس کے پاس چلا جاتا۔ پھر اُس کا میسج مجھے آتا اور پھر میں لکھتا تو میسج چلا جاتا۔ یہ تھی Instant Communication MIRC کی طرح، لیکن MIRC میں لوگ گُم ہو جاتے تھے۔ ICQ میں یہ ہوتا تھا کہ اگر آپ کا کوئی دوست دوسری طرف بیٹھا ہوتا تھا تو گرین بتی جل جاتی۔ اور مجھے نظر آتا تھا کہ یہ آدمی On-line ہے۔ میں نے اپنی دوست سوزئین کو کہا کہ آپ فوراً انسٹال کریں، اس حوالے سے میں بہت excited تھا۔ میری ایک کزن تھیں، ان کے گھر جا کر میں نے ICQ انسٹال کیا۔ جتنے بھی لوگ تھے، میں نے پکڑ پکڑ کر ان کے پاس انسٹال کرنا شروع کیا۔ ICQ میرے لیے بہت important ہوگیا۔ میرے پورے دفتر میں سب کے کمپیوٹر میں ICQ انسٹال ہوگیا۔

اس وقت ہمارے پاس Router نہیں ہوتے تھے۔ ایک سوفٹوئیر wingate کے نام سے تھا۔ اس کے ذریعے ہم انٹرنیٹ کو شیئر کرتے تھے اور انٹرنیٹ کو شیئر کر کے ICQ کو استعمال کرتے تھے۔ ICQ آیا اور اِس کے آنے کے بعد فاصلوں کی limits ختم ہوگئیں، یعنی Instant communication آسان ہوگئی۔ جس کو چاہے میں پاکستان میں کسی کو اپنے آفس کے اندر میسج کر رہا ہوں یا امریکہ میں کسی کو مسج کر رہے ہوں۔ آج اس کا جو Advanced version آپ دیکھتے ہیں وہ ہے Google chat،

MSN chat یا WhatsApp chat Skype ـ ICQ وہ پہلا سوفٹوئیر تھا جس نے اس چیز کوممکن کیا۔

1996-97 ء ہی کے دور میں ایک اور نیا سوفٹوئیر آیا جس کا نام تھا انٹرنیٹ فون۔ وہ سوفٹوئیر سوزئین نے خرید کر ایک کاپی مجھے بھیجی اور ایک کاپی وہاں انسٹال کی۔ اس سوفٹوئیر کے ذریعے "آواز" انٹرنیٹ کے ذریعے جاتی تھی۔ جس کا میں نے پہلے کبھی نہیں سنا تھا۔ وہ سوفٹوئیر انسٹال کرنے کے بعد میں سوزئین کے ساتھ بات کرسکتا تھا اگر وہ online ہوتی ـ ICQ کے ذریعے ہم دیکھتے کہ ہمارا دوست online ہے تو انٹرنیٹ فون کے ذریعے ہم اسکو کال کر سکتے تھے۔ اس وقت پاکستان میں انٹرنیٹ بہت آہستہ چلتا تھا کیوں کہ اس وقت Dialup internet ہوتا تھا اور مجھے یاد ہے کہ رات رات بھر ہم جاگتے تھے انٹرنیٹ چلانے کیلیئے، کیونکہ 02:00 AM کے بعد لائن لگتی تھی، انٹرنیٹ connect ہی نہیں ہوتا تھا، سارے لوگوں کی لائینز مصروف ہوتی تھیں۔

خیر جب ہم ICQ سے انٹرنیٹ فون پر آئے تو اس وقت ایک پراجیکٹ تھا Free World Dialup Project۔ مجھے یاد ہے کہ میں نے ایک ہیڈفون لیا، اس کو توڑا اور اسکے microphone کو اور headphone کو فونپر لگایا۔ پھر نیویارک سے ایک دوست نے فری ورلڈ ڈائل اپ پروجیکٹ کے نمبر پہ کال کی وہاں سے کال انٹرنیٹ کے ذریعے میرے پاس آئی۔ میں نے اس کو patch کر کے پاکستان میں تجربہ کیا۔ میرے خیال میں، میں اس ملک میں پہلا شخص تھا جس نے اس طرح سے کال کی ہوگی۔ میرا نہیں خیال کہ اس سے پہلے کسی نے یہ تجربہ کیا ہوگا۔ واللہ عالم۔ یہ ایک تجربہ تھا جس نے لیڈ (lead) کیا نیٹ ٹوفون کو، اور پھر voip کی کمپنیز کھلنا شروع ہوگئیں، لیکن اس وقت peer

to peer call ہوتی تھی، اُس کے علاوہ آپ کسی کو کال نہیں کر سکتے تھے۔

سو اب وائس بھی آ گئی، ڈیٹا بھی آ گیا۔ ہاں، اسی دوران 1996ء میں tpcg.com پر ہم نے Florida میں ایک اسکول (Cardwell Middle School) کو ایک ویب سائٹ بنا کر دی، اور اس کے بارے میں ایک مکمل full page article چھپا کہ ایک آدمی جو کہ پاکستان میں ہے، اس نے امریکہ کے Florida کے پہلے اسکول کیلئے ویب سائٹ بنا کہ دی۔ اور اس طرح چیزیں بدلنا شروع ہوئیں کہ ایک آدمی، جو کہ پاکستان میں رہ رہا ہے، اس کی کمپنی ایک امریکن اسکول کو sponsor کر رہی ہے؟ اس طرح ہوتے ہوئے کبھی کسی نے سنا نہیں تھا۔ خیر میں نے اُسی انٹرنیٹ فون کے ذریعے باقاعدہ بچوں کو پڑھانا شروع کر دیا۔

کچھ عرصہ کے بعد CUC Me کے نام سے ایک سوفٹوئیر آیا جس سے تصویر بھی نظر آنا شروع ہوگئی اُس آدمی کی جو کہ دوسری طرف ہوتا تھا۔ تو میں نے Logitech کا ایک کیمرہ خریدا ، اس کو لگایا اور اس کے ذریعے میں نے ویڈیو کمیونیکشن بھی شروع کر دی۔ آج یہ بڑی بات نہیں لگتی۔ ساری دنیا ایک دوسرے کو اسکائپ کرتی ہے۔ کوئی فرق نہیں پڑتا کہ دوسرا آدمی کہاں ہے؟ انٹرنیٹ کی bandwidth بہت expand ہوگئی ہے۔ اور دنیا چپٹی ہوگئی ہے۔

آج کے دور میں Flattener اور برابری ہونے کی سب سے بڑی وجہ اب bandwidth ہے۔ آج پاکستان کے اندر one megabyte کی bandwidth، PTCL ایک ہزار روپے کی دیتا ہے۔ جب ہم نے آج سے دس سال

پہلے یعنی 2003 میں پاکستان کے پہلے آفیشل لائیسنسڈ کال سینٹر شروع کیا، تو Per Megabyte Bandwidth 70,000 ڈالر یعنی آج کے تقریباً 70 لاکھ روپے ہوتی تھی ، آج اُسی کی قیمت wholesale میں 70 ڈالر per megabyte bandwidth ہوگئی ہے۔ تصور کریں کہ نوں سے دس سال کے اندر ایک 70000 ڈالر کی چیز 70 ڈالر میں رہ جائے، تو آج سے دس سال بعد کیا ہوگا ؟ آپ ذرا سوچیں کہ bandwidth کی قیمتیں کہاں جائیں گی اور اسکی وجہ سے کیا تبدیلیاں آنے والی ہیں۔ Bandwidth کے سستا ہونے کی وجہ سے آپ اسکائپ پر کال کر سکتے ہیں، ویڈیو ٹرانسفر کر سکتے ہیں، یوٹیوب چلا سکتے ہیں۔ آپ اسکی وجہ سے اتنے ہی privileged ہو گئے ہیں جتنا کہ امریکہ میں رہنے والا ایک شخص privileged ہوسکتا ہے۔ جو رسائی (access) اس کے پاس ہے وہی آپ کے پاس بھی ہے۔

1999 ء میں Google آیا اور آنے کے بعد ایک نیا Algorithm لگایا جس نے سرچ کو اور آسان کردیا۔ سرچ کو cross indexing کیا اور دیکھا کہ کتنے زیادہ بیک لینکس ہیں جس سے گوگل کی انفارمیشن کو لوگوں نے زیادہ سے زیادہ استعمال کرنا شروع کردیا اور دو سے تین سال میں گوگل نمبر ایک سرچ انجن بن گیا۔

آگے جانتے ہیں کہ سرچ انجن آنے بعد اور کیا فرق پڑا۔ اب آپ کے پاس وہ ساری انفارمیشن ہے جو دنیا میں کسی اور کے پاس ہو۔ ایک بچہ پاکستان میں رہتا ہے اور ایک بچہ امریکہ میں رہتا ہے۔ جو پڑھائی امریکی بچہ وہاں پر access کر رہا ہے وہی پڑھائی پاکستان میں موجود بچہ access کر رہا ہے۔ آج 2013 میں ہمارے پاس ملینز آف ملینز کتابیں موجود ہیں۔ انٹرنیٹ پر وہی کتابیں جو کہ ایک انگریز پڑھتا ہے وہی کتابیں آپ

بھی پڑھ سکتے ہیں۔ وہی Harvard، وہی Stanford، equality کے ساتھ ساتھ آپ اسی Stanford کا لیکچر سن سکتے ہیں، دیکھ سکتے ہیں، پڑھ سکتے ہیں۔

تو آج Stanford کی وہ education، وہ Harvard کی education، جو ایک عام آدمی afford نہیں کرسکتا تھا، آج وہ کرسکتا ہے۔ اور ابھی ایک نیا پراجیکٹ جو MIT اور Harvard نے بنایا ہے جسمیں وہ ایک بلین لوگوں کو ڈگریز دینا چاہتے ہیں۔ تو کیا آپ ان میں سے ہونا چاہیں گے یا نہیں؟ یہ آپ کی چوائس ہے۔

اس سارے کے سارے کا نتیجہ یہ ہوا کہ اب انفرادی سطح پر ہر شخص طاقت ور ہے، اب یہ اہم نہیں رہا کہ کونسا ملک آگے ہے اور کونسا ملک پیچھے ہے، اب ہو گا یہ کہ کون شخص زیادہ علم لینا چاہتا ہے اور کونسا شخص کم علم لینا چاہتا ہے۔ اب یہ فرق نہیں پڑ رہا کہ کونسے ملک کے اندر roads موجود ہے اور کونسے ملک کے اندر کوئی اور infrastructure موجود ہے۔ اب فرق یہ پڑا ہے کہ کس ملک کے لوگ بڑا سوچ سکتے ہیں، بڑا کام کرنے کی جستجو کر سکتے ہیں، ارادہ کر سکتے ہیں، اور جس ملک نے، چاہے وہ سنگا پور جیسا چھوٹا ملک ہو یا امریکہ جیسا بڑا ملک ہو، جو ملک بڑا خواب دیکھ سکتا ہو گا۔ وہ بڑا achieve کر سکے گا۔ ابھی معاشرے میں یہ رجحان ہے ہر نئی چیز کرنے والے کی حوصلہ افزائی کرنے کیے بجائے اس کی نفی کی جاتی ہے۔ معاشرے کا کام اب یہ ہو گا کہ جو بڑا سوچنے کی کوشش کر رہا ہے تو آج ہمیں اُن بچوں کو support کرنا ہو گا کہ آپ کریں، ضرور کریں، آپ امریکہ میں بیچیں، افریقہ میں بیچیں، جہاں دل کرے پراڈکٹ بیچیں، کیوں کہ سوفٹوئیر کی کوئی حد نہیں ہے۔ جہاں انٹرنیٹ چل رہا ہے وہاں سوفٹوئیر چل سکتا ہے۔

جو ویب کا سوفٹویئر ہے، اسپیشلی جو کہ اوپن سورس کے اوپر بلڈ(Built) ہوا ہے، اس کی تو اور بھی کوئی لمٹ نہیں ہے۔ اس کی کوئی cost نہیں ہے، php جو کہ لینگویج ہے، اور ویب سائیٹ بنانے کیلئے استعمال ہوتی ہے، وہ بھی فری ہے۔apache جو کہ ایک سرور ہے، وہ بھی فری ہے۔ آپ آج پاکستان میں سو ڈالر کا سرور خرید کر اس کو انٹرنیٹ پر کنیکٹ کر کے کچھ بھی کر سکتے ہیں یا آپ ویب ہوسٹینگ کسی سے بھی، جیسکہ گوگل سے جا کر خرید لیں یا فری میں لے لیں اور اس پر اپنا سوفٹویئر بنا کر چلا سکتے ہیں۔ جتنے انجنز(engines) تھے اور جتنی انفرا اسٹکچر کی کوسٹ تھی، وہ انہوں نے ختم کر دی ہے۔ اور اب یہ آپ کے اوپر ہے کہ آپ کہاں جانا چاہتے ہیں۔ کیا آپ اگلے Bill Gates بننا چاہتے ہیں یا آپ اسی طرح سے 5-9 کی جاب کرنا چاہتے ہیں؟ یا اسی طرح سے 5-9 کے سو ڈالر لیکر یا دو سو ڈالر لیکر خوش رہنا چاہتے ہیں؟ یہ اب آپ کی choice ہے، کسی اور کی choice نہیں ہے۔ اب آپ کے پاس سارے اوزار موجود ہیں جو پاکستان کی حکومت نے آپ کے پاس پہنچا دئے ہیں، جو کہ آپ کی ترقی کی ضرورت ہیں۔ اب کوئی بہانہ نہیں بچتا ہے۔ بہانے سب ختم، اب بہانہ تو صرف یہ ہے کہ ہم scared ہیں۔ ہاں scared ہونا چاہئے ہے کیوں کہ جو چیز کبھی نہیں سنی ہوتی اس سے بھی scared ہوتے ہیں۔ شادی کرتے ہوئے بھی ڈر رہے ہوتے ہیں۔ لیکن کیا شادی کرتے ہیں یا نہیں کرتے؟ بالکل کرتے ہیں۔ بالکل اسی طرح سے step لیتے ہوئے گھبرائیں نہیں، ڈریں نہیں، ڈر لگ رہا ہے، لیکن چلیں، ضرور کہیں پہنچیں گے۔

اب آج کے دور کے ٹولز جو ہمارے پاس 2013ء میں ہیں جو میں سمجھتا ہوں کہ equalizing کیلئے بہترین ہیں۔ سب سے زیادہ اسمیں ای میل، ویب، فیس بک، لینکڈ اِن، اور اسکائپ ہیں۔ اگر آپ ان چار چیزوں کو، یعنی لینکڈ اِن، فیس بک، اسکائپ اور

گوگل سرچ کرنا اور یوٹیوب، سیکھ لیں، تو دنیا کی ایسی کوئی چیز نہیں بچتی جو آپ نہیں سیکھ سکتے۔ ہر چیز آپ سیکھ سکتے ہیں۔اور یہی وہ opportunity ہے جو ہر پاکستانی کے پاس موجود ہے، ہر ہندوستانی کے پاس موجود ہے، ہر بنگالی کے پاس موجود ہے، ہر افریقی کے پاس موجود ہے، ہر امریکی اور یورپی کے پاس موجود ہے۔فرق یہ رہتا ہے کہ آپ اسمیں سے کیا سیکھنا چاہتے ہیں۔

میں لینکڈ اِن (LinkedIn) کو ڈیفائین کرتا ہوں، پرانے زمانے میں آپ کو نوکری چاہئے ہوتی تھی تو آپ اپنے دوستوں، رشتہداروں سے کہتے تھے کہ ذرا کسی سے سفارش کروادو بھائی، آپ اس ادارے میں کسی کو جانتے ہو یا نہیں جانتے؟ آج آپ گوگل (Google) پر جاتے ہیں، ادارے کا نام لکھتے ہیں اور CEO لکھتے ہیں تو آپ کو اس ادارے کے CEO مل جاتے ہیں۔آپ LinkedIn پر اسی ادارے کی پروفائل پر جاتے ہیں اور سرچ کرتے ہیں تو اس ادارے کے 500 لوگ جو وہاں کام کر رہے ہوتے ہیں، اگر وہ بڑی کمپنی ہے تو وہ آپ کو مل جاتے ہیں۔اگر چھوٹا ادارہ ہے تو اس کے بھی تھوڑے سے لوگ تو مل ہی جاتے ہیں۔آپ لینکڈ اِن پر جاتے ہیں، ان کو connect کرتے ہیں، request بھیجتے ہیں، میسج کرتے ہیں، ہیلو، اسلامُ وعلیکم، میں اسی ادارے میں نوکری ڈھونڈنا چاہ رہا ہوں، اور آپ ان کو اپنی cv بھیج دیتے ہیں۔کسی سورس کی ضرورت نہیں پڑتی۔فرق کیا ہوا؟ کیا ہم اس کا فائدہ اٹھاتے ہیں یا نہیں اٹھاتے ہیں؟ ایک اور اسٹیپ آگے چلے جاتے ہیں، اب آپ کے پاس یہ بھی boundry نہیں ہے، خاص کر ایسے لوگوں کیلئے جو accountant ہوں یا software engineer ہوں، وہ ایک ملک میں رہتے ہوں، ایک ہی شہر میں رہتے ہوں اور وہ دوسرے ملک میں کام کرتے ہوں۔ یہ limitation بھی ختم ہوگئی ہے۔

آگے چلتے ہیں یوٹیوب کی طرف، یوٹیوب ایک ایسی چیز ہے جس نے ساری دنیا کو ہلا دیا۔ یوٹیوب پر ایسی کوئی چیز نہیں بچی ہے کہ جس سے آپ سیکھ نہ سکتے ہوں ، کوئی documentary ہو، کسی چیز کے بارے میں how to ہو، کسی اور چیز کی research ہو، جو چیزیں آپ کو گھنٹوں کتابوں پر خرچ کر کے سیکھنی پڑتی تھیں، جو آپ کو گھنٹوں گوگل سرچ کر کے پڑھنا پڑتا تھا، وہ اب آپ ایک پانچ منٹ کی ویڈیو سے سیکھ سکتے ہیں ۔ یہ اس طرح سے کام کرتا ہے ہزاروں لاکھوں کروڑوں ویڈیوز یوٹیوب پر موجود ہیں ۔ یوٹیوب پر ایک منٹ میں سو گھنٹے سے زیادہ کا کونٹینٹ (Content) upload ہوتا ہے ، تو اب آپ سوچیں کہ کتنے لوگ یوٹیوب پر کونٹینٹ ڈال رہے ہیں، videos ڈال رہے ہیں، اور کتنے لوگ اس کو surf کر رہے ہیں اور کتنے لوگ اس کو دیکھ رہے ہیں ۔ اب یہ آپ کی پسند ہے کہ آپ اس سے کیا سیکھنا چاہتے ہیں ۔ اور وہی یوٹیوب جو آپ کو پاکستان میں مل رہی ہے، وہ آپ کو ہندوستان میں مل رہی ہے، وہی بنگلہ دیش میں مل رہی ہے، وہی یوٹیوب امریکہ کو مل رہی ہے، وہی یوٹیوب انگلینڈ کو مل رہی ہے۔ وہی یوٹیوب سنگاپور کو مل رہی ہے، وہی یوٹیوب آسٹریلیا کو مل رہی ہے۔ آپ کی چوائس ہے کہ آپ اُسمیں سے کیا نکالتے ہیں ۔ کسی نے کہا ہے کہ سمندر کے اندر ہیرے بھی ہوتے ہیں موتی بھی ہوتے ہیں اور پانی بھی ہوتا ہے کچھ لوگ جاتے ہیں، موتی نکال لاتے ہیں، کچھ لوگ جاتے ہیں اور مچھلیاں پکڑ لاتے ہیں اور کچھ لوگ باتے ہیں اور ساحل پر پاؤں بھگو کر آ جاتے ہیں ۔ یہ آپ کے اوپر ہے کہ آپ کیا حاصل کرنا چاہتے ہیں۔

ایک اور بہت بڑی سہولت جو ہمارے پاس ہے وہ ہے موبائل فون ۔ آج آپ کے موبائل فون کی کال اس سے دس گناہ سستی ہے جتنا کہ ایک انگریز کو امریکہ کے اندر کال پڑتی ہے

۔آسٹریلیا سے آسٹریلیا کال کرنے کی قیمت زیادہ ہے اور پاکستان سے آسٹریلیا کال کرنے کی قیمت کم ہے۔ پاکستان سے امریکہ کال کرنیکی قیمت کم ہے، پاکستان سےUK کال کرنے کی قیمت کم ہے،امریکہ سے امریکہ کال کرنے کی قیمت زیادہ ہےاورUK سےUK کال کرنے کی قیمت زیادہ ہے۔تو کیوں ہم ان چیزوں کاadvantage اٹھانا نہیں چاہتے ہیں؟ بالکل اٹھانا چاہتے ہیں اور اٹھانا چاہئے ہے بھی۔ میں جب بھی دبئ گیا ہوں اور وہاں سے امریکہ کی کال ہوتی ہے ایک ڈالر فی منٹ،تو میں بہتresist کرتا ہوں کہ کال نہ کرلوں،انتظار کرتا ہوں کہ جب میں پاکستان آوں گا تو ایک روپیہ فی منٹ کال کرلوں گا۔ہم کہتے ہیں کہ دبئ ترقی یافتہ ملک ہے پر ہمیں پاکستان میں رہتے ہوئے یہی چیزیں مل رہی ہیں۔ کچھ لوگ کہتے ہیں کہ دنیاflat ہوگئی ہے جبکہ میں کہتا ہوں کہ دنیا ہماری طرف جھک گئی ہے۔اس وقت ساری دنیا ہماری طرف جھکی ہوئی ہے۔ہمیں اس وقت سے فائدہ اٹھانا ہے۔ یہ فائدہ کیسے اٹھانا ہے کہ آگے نکل جائیں اور گزرے ہوئے وقت میں جو disadvantage ہوا،اُس کو ہم overcome کرسکیں۔

اب آپ نےLinkedIn بھی سیکھ لیا،آپ نےFacebook بھی سیکھ لیا،آپ نے Google چلانا بھی سیکھ لیا لیکن ایک چیز جس کی آپ کو بہت سخت ضرورت ہوگی اُس میں ایک تو انگریزی زبان، دوسرا انگریزی کا کلچر۔ اور تیسرا یہ کہ جگھیں دِکھتی کیسی ہیں ،تو Google کی ایک اور سروس ہے، اسکا نام ہےGoogle Maps۔اس میں ایک Feature ہے اور وہ ہے Google Street View۔اس نے کیا کیا؟ اس نے ساری کی ساری دنیا کو ہمارے سامنے رکھ دیا،اب آپ ایک ایک گلی،ایک ایک کونہ آپ گھوم سکتے ہیں۔ایک ہمارے عزیز ہیں،اُنکا بچہMalaysia گیا تو میں اُس کے ساتھ بیٹھا ہوا تھا،اُن کے ابّا کہنے لگے یہ جی پی ایس ہے۔ میں نے کہا کہ جی پی ایس؟ کیا مطلب؟ تو

انہوں نے کہا کہ آپ دیکھیں۔اُس وقت ہم گاڑی میں سفر کر رہے تھے، جیسے جیسے ہم آگے بڑھتے جارہے تھے، وہ بتاتا جارہا تھا کہ اب ہمیں لیفٹ مڑنا ہے، اب ہمیں رائیٹ مڑنا ہے، یہاں پر یہ سائن آئے گا، یہاں پر یہ بورڈ ہے۔اُس بچے نے روڈ کا پورے کا پورا نقشہ یاد کیا ہوا تھا۔وہ کراچی سے KualaLumpur کا پورا نقشہ جسطرح یاد کر کے گیا تھا اسی طرح وہ روڈ کا پورا کا پورا نقشہ اس کے دماغ میں بیٹھا ہوا تھا حالانکہ وہ زندگی میں پہلے KualaLumpur کبھی نہیں گیا تھا مگر وہ گوگل میپ پر پورا کا پورا نقشہ دیکھ چکا تھا، اور وہ بتا رہا تھا یہ راستہ یہاں سے دائیں طرف موڑنا ہے اور یہاں سے بائیں طرف موڑنا ہے جو اُس کو پورا یاد تھا۔

یہ وہ چیزیں ہیں جنکو ہم نے حاصل کرنا ہے اور اِس کیلئے ضروری ہے کہ ہم کو یہ کلچر بھی سیکھنا ہوگا ۔اگر ہم کو یہ نہیں معلوم کہ ہم کلچرلی بات کس طرح کریں گے اور ہمیں یہ نہیں معلوم کہ نِک نام کیا ہوتے ہیں، ہمیں یہ نہیں معلوم کہ ان کے محاورے کیا ہوتے ہیں، تو اگر ہم کو کلچر کو سمجھنا ہے تو اس کیلئے ہم کو تھوڑی بہت films دیکھنی پڑیں گی، اور اُنکے tourists کی touristic ویڈیو بھی دیکھنی چاہیں اور Google maps پر دیکھنا چاہیے کہ یہ لگتا کیسا ہے۔

اب ہم Facebook کے بارے میں کچھ بات کریں گے، وہ ہے Facebook ۔میری زندگی کا ایک مشن (mission) تھا کہ ساری دنیا کے لوگ برابر ہو جائیں، اب میں سمجھتا ہوں کہ Facebook نے میرا یہ کام کر دیا ہے۔آج صدر ممنون حسین کے پاس Facebook پر اتنی ہی طاقت ہے جتنی کہ صدر اوبامہ کے پاس ہے، یا آپ کے پاس ہے۔آج آپ Facebook پر اتنے ہی طاقت ور ہیں، آپ کو اتنے ہی privileges حاصل ہیں جو کہ ایک امیر آدمی کو ہیں۔آج کسی امیر کو کسی غریب پر اور کسی عجمی کو کسی عربی پر کوئی

فوقیت حاصل نہیں ہے، یہ بات ہمیں دین نے ہمیں بتائی تھی۔ جو ہمارے کام تھے کرنے کے تھے وہ ایک یہودی بچے نے بنادیا۔ کیا بہترین کام انہوں نے کر دیا۔ آج اس کی عمر 26 سال ہے اور اس کی کمپنی کی قیمت سوارب ڈالر سے زیادہ تک پہنچ گئی ہے پچھلے سات سال میں۔ کیوں ہمارے ملک میں ایک ایسا بچہ نہیں پیدا ہوا جو کہ ایک بلین ڈالر کی ایک کمپنی بنا سکے؟ کیا وجہ ہے کہ ہم over protection کرتے ہوئے، جب ہم انہیں آگے جاتے ہوئے اور کوئی مختلف کام کرتے ہوئے دیکھتے ہیں تو ٹانگ کھینچ لیتے ہیں؟ کیوں ہم اتنا ڈرتے ہیں ؟ کیوں ہم غلطی کو برداشت نہیں کر سکتے ؟ کیا ہوا گر وہ فیل ہو جائے گا ؟ چھوٹا سا کاروبار ہے خراب ہو جائے گا؟ کتنے پیسے برباد کر دے گا ؟ ہم ایک لاکھ ڈالر سال کی Harvard کی فیس تو دے سکتے ہیں مگر دس ہزار ڈالر کے کاروبار کا نقصان کرتے ہوئے گھبراتے ہیں ۔کیوں ہے ایسا؟ اگر ہم failure کو قبول نہیں کریں گے، اپنے بچوں سے، اپنی اولادوں سے unconditional محبت نہیں کریں گے، تو ہم آگے نہیں جا سکیں گے ۔ہمیں اِن چیزوں کو سیکھنا ہے۔

اگر ہمیں اُن قوموں میں شامل ہونا ہے ، جو ترقی یافتہ کہلاتی ہیں، تو ہمیں اُن چیزوں کو adopt کرنا ہے جو ہمارے بچوں کے passions ہیں۔ یہ سیکھنا ہے کہ سیکھا کیسے جاتا ہے؟ یہ آج کے وہ اوزار ہیں جنکو اگر ہم نے استعمال نہیں کیا تو ہم پیچھے رہ جائیں گے۔ بہت سالوں پرانی بات ہے، ایک صاحب تھے، انہوں نے کہا کہ جو آدمی لکھنا پڑھنا نہیں جانے گا یا انگریزی نہیں جانے گا وہ پیچھے رہ جائے گا۔ میں سمجھتا ہوں کہ آج کے دور میں جو آدمی گوگل نہیں کر سکتا، جو آدمی یوٹیوب پر video نہیں دیکھ سکتا، جو بچہ search اور research نہیں کر سکتا اور جو بچہ، خراب کونٹینٹ اور صحیح کونٹینٹ identify نہیں کر سکتا، وہ پیچھے رہ جائے گا۔ خراب کونٹینٹ کیا ہوتا ہے؟ خراب کونٹینٹ وہ ہے جس کے پیچھے ریسرچ نہیں کی

ہو، جیسے کہ ایک آدمی آئے اور کہے کہ یہ حضورﷺ کی حدیث ہے۔ کیوں ہم ویب پر حدیث ڈاٹ کام پر جا کر دیکھ نہیں سکتے کہ یہ کونسی حدیث ہے؟ اس کا راوی کون ہے اور اس کی کیا سند ہے؟

آج اگر ایک چھوٹی کمپنی ہے وہ ایک بہت بڑی کمپنی کی طرح آپریٹ (operate) کر سکتی ہے۔ میری کمپنی ایک بہت چھوٹی سی کمپنی ہے لیکن اگر آپ میری کمپنی کی ویب سائٹ دیکھیں گے ، اسکی introduction film دیکھیں گے (www.supertec.com/intro)، تو آپ کہیں گے کہ یہ بہت بڑی کمپنی ہے۔ آمدنی کے حساب سے میری کمپنی بہت چھوٹی سی کمپنی ہے۔ لیکن آج آپ اس کا امیج بہت بڑا کر سکتے ہیں، آج آپ کے ملک میں جو چھوٹی سی دکان والا ہے وہ اپنی دکان کو بہت بڑا دیکھا سکتا ہے یہ وہی ساری چیزیں ہیں جو ہالی ووڈ نے ہم پر impose کی ہیں۔ کچھ لوگ کہتے ہیں کہ انگریز کبھی چاند پہ بھی نہیں گیا، اور ہالی ووڈ نے چاند پر جانے کے لیے scene کو کاپی کر لیا۔ تو کیوں آج ہم اِن technologies کو استعمال کرتے ہوئے اپنی business کو صحیح طریقے سے present نہیں کر سکتے ہیں ؟ ہم اگر اپنے business کو صحیح طریقے سے present کریں گے تو ہم بہت بڑے ادارے والے لگنے لگیں گے۔

ہمارے ملک کی جو خراب باتیں لوگ Hollywood, CNN یا BBC کے ذریعے ہمارے ہی اوپر مسلط کرتے ہیں، ہم اسکو discredit کر کے، اُس پر Proper Create کر کے ، پراپر Blogging کر سکتے ہیں ، ویڈیو بھی بنا سکتے ہیں، documentaries بھی بنا سکتے ہیں۔ آج ہمارے یونیورسٹی کے بچے بہت ذہین ہیں،

بہت اسمارٹ ہیں۔ وہی software جو کہ انگریز کو آٹھ سو ڈالر کا خریدنا پڑتا ہے، وہ ہمارے ہاں چالیس روپے کی سی ڈی مل جاتا ہے۔ہمیں آج دوہرا فائدہ حاصل ہے، ہم بجائے اس کے کہ اُن قوموں سے پیچھے ہوں، یا برابر ہوں، میں تو سمجھتا ہوں کہ ہم اُن قوموں سے بہت آگے ہیں لیکن ہم فائدہ اُٹھانے میں بہت پیچھے ہیں، ہم technology کا صحیح فائدہ اُٹھانا نہیں جانتے، بلکہ اُسکا غلط استعمال کر رہے ہیں۔ ہم کو صحیح فائدہ اُٹھانا چاہیے اور ہم کو technology کا صحیح فائدہ اُٹھاتے ہوئے آگے نکلنا چاہیے۔

اب ہم Facebook پر واپس آتے ہیں، Facebook جیسے کہ میں نے کہا ایک ایسا tool ہے جہاں اوبامہ اور آپ برابر کی طاقت رکھتے ہیں۔ آپ Israel کے صدر کو پیغام پہنچا سکتے ہیں کہ آپ ہمارے فلسطین مسلمانوں پر کیوں ظلم کر رہے ہیں؟ دنیا کے جو بھی بڑے لیڈرز ہیں، جنکے بارے میں آپ کے وہم وگمان میں بھی نہیں تھا کہ آپ ان سے بات کر پائیں گے ،آج آپ اپنے گھر میں بیٹھ کر ان تک پیغام پہنچا سکتے ہیں۔ آپ کے interior minister ہیں وہ ہر وقت twitter پر ہوتے ہیں، آپ ہر وقت ان کو پیغام دے سکتے ہیں۔ ہر وقت Facebook پر ہوتے ہیں، آپ وہاں بھی ان کو پیغام دے سکتے ہیں، یا آپ کے ملک کے جو President ہیں اُن کو پیغام دے سکتے ہیں۔ آپ اگر سمجھتے ہیں کہ آپ کے ملک کی اسمبلی کے لوگ جیسے کہ ایم این اے ہیں، یا ایم پی اے ہیں، اور آپ کی بات نہیں مانتے، وہ اچھے کام نہیں کر رہے ہیں تو آپ ان سے رابطہ کر سکتے ہیں، آپ انکی Facebook کی دیواروں (Wall) پر جا کر لکھ سکتے ہیں کہ بھائیوں کیوں ہمارے علاقے میں یہ مسائل ہیں؟ اگر آپ انکو رابطہ نہیں کریں گے تو ان کو کیا معلوم ہوگا کہ آپ کے کیا مسائل ہیں؟ اگر آپ اوبامہ کے پیج پر جا کر نہیں لکھیں گے کہ میں پاکستانی ہوں میرے ملک سے ڈرون کو ہٹائیں، تو کس طریقے سے وہ آپ کو جواب دے گا؟ اگر ایک لاکھ پاکستانی

اوبامہ کے پیج پر جا کر لکھ دیں گے کہ drone attacks بند کرو تو آپ کیا سمجھتے ہیں کہ انگریز نہیں پڑھ رہے ہیں؟ امریکن نہیں پڑھ رہے ہیں؟ 37 ملین امریکن اوبامہ کے Facebook کے پیج پر کنیکٹڈ ہیں۔ 37 ملین امریکنز کو اوبامہ کے پیج سے پتہ چلے گا کہ آپ کے ملک میں drone attacks ہو رہے ہیں۔ انھیں ابھی نہیں معلوم۔ آپ جائیں، اور لکھیں۔ جائیں Israel کے صدر کے پیج پر لکھیں کہ یہ آپ کیوں کر رہے ہیں؟ جائیں انڈیا کے صدر سے، اور سوال کریں کہ ایسا کیوں کر رہے ہو؟ جائیں زرداری صاحب کے پیج پر اور لکھیں کہ ہم سمجھتے ہیں کہ آپ اسطرح اسطرح غلط کر رہے ہیں۔ اگر آپ انکو نہیں بتائیں گے تو کیا انکو اوپر سے وحی تھوڑی نہ آئیگی کہ کسطرح سے ٹھیک کرنا ہے۔ وہ آپ کے گھروں تک نہیں پہنچ سکتے۔ پاکستان میں 180 million لوگ ہیں، ایک صدر ہے، ہر آدمی کے پاس وہ نہیں پہنچ سکتے، مگر ہر آدمی ان تک ضرور پہنچ سکتا ہے۔ جب آپ انکی Facebook کی دیواروں پر جا کر لکھیں گے تو میرا یقین ہے کہ ضرور کچھ نہ کچھ چینج آئے گا۔

آپ وہاں تک جانے کی کوشش کریں گے تو اگر اوبامہ آپ کو جواب نہیں۔ البتہ ان کے لوگ آپ کو جواب دیں گے، اگر زرداری صاحب آپ کو جواب نہیں دیں گے تو آپ کو ہم خیال لوگ وہاں سے مل جائیں گے جو کہ دوبارہ دوبارہ لکھیں گے۔ مایوسی کفر ہے، ہمیں مایوسی کرنی ہی نہیں ہے۔ ہمیں کوشش کرنا ہے، ہمیں آگے بڑھنا ہے۔ اگر آپ نے زیادہ پیسے کمانے ہیں تو Facebook پر ایسے لوگوں کو تلاش کریں، جو کہ زیادہ پیسے کماتے ہوں۔ اگر آپ کو کوئی بیماری ہے تو ایسے لوگوں کو تلاش کریں جو اس بیماری سے متاثرہ ہوں، تا کہ آپ اُن کے ساتھ مل کر اُس بیماری کا حل تلاش کر سکیں۔ آپ کے علاقہ میں اگر کسی کو کوئی مسئلہ درکار ہے تو ایسے گروپس تلاش کریں، یا ایسے گروپس بنائیں کہ اس مسئلہ کے اوپر کام کرنا شروع کریں، ایک

اور ایک گیارہ ہوتے ہیں، اورFacebook کے بعد ایک اور ایک، لاکھ ہو سکتے ہیں۔ یہ آپ کے اوپر ہے کہ آپ کیسے استعمال کرتے ہیں۔

میں سمجھتا ہوں کہ اگر یہ ٹولز میرے پاس نہیں ہوتے تو جو کچھ بھی میں آج کرتا ہوں یہ ساری چیزیں میرے لئے ممکن نا ہوتی۔ میں نے صرف اور صرف ایک چیز سیکھی ہے کہ جیسے ہی کوئی بہترینtool آئے اس کو فوراً سیکھو، اس کو ریسرچ کرو اور اس کو استعمال کرو۔ اور یہی میری آپ سے بھی گزارش ہے کہ آج آپ کے پاس وہ ساری طاقتیں، ساری چیزیں موجود ہیں جن سے آپ ایک زبردست اسٹیٹ میں منتقل ہو سکتے ہیں۔ یہ آپ کیchoice ہے کہ آپ کیا کرتے ہیں۔ اپنے ماحول سے وہ ساری چیزیں نکال دیں جو آپ صبح سے شام تک اصلی میں دیکھ رہے ہوتے ہیں اور اپنے چاروں طرف ورچوئل ریالٹی(Virtual Reality) تخلیق کریں، ایسے لوگوں کو ایڈ (Add) کریں فیس بک کر جیسا کہ آپ بننا چاہتے ہیں۔ Bill Gates کو ایڈ کریں، انٹرنیشنلی جن لوگوں کو آپ اچھا سمجھتے ہیں انکوadd کریں، ادیبوں کو add کریں، poets کو add کریں، artists کو add کریں، faculties کو add کریں، MIT کے پروفیسرز کوadd کریں Harvard کے پروفیسرز کوadd کریں، کیوں آپadd نہیں کرتے؟

جب ان لوگوں کے درمیان آپ بیٹھیں گے تو، جیسے کہتے ہیں کہ خربوزے کو دیکھ کر خربوزہ رنگ پکڑتا ہے، بالکل اسی طرح Facebook کی ID کو دیکھ کر آپ بھی ان جیسے ہو جائیں گے۔ آپ ان کے علم سے فائدہ اٹھا سکیں گے۔ اس کے علم اور اس کی فیس بک پر (Knowledge Sharing) اگر آپ بھی اپنائینگے تو آپ بہت آگے چلے جائیں گے اور یہی چیز آپ اپنے ارد گرد کے لوگوں کو بھی تلقین کریں۔ اس پوری کتاب میں اگر کوئی بھی

چیز آپ کو اچھی لگے تو میری گزارش ہے کہ برائے مہربانی آگے ضرور بتائیں اور اس کو شیئر کریں کیونکہ ہم ہی change کر سکتے ہیں، کوئی اور تبدیلی نہیں لا سکتا ہے۔ آج ہمارے پاس پورا موقع ہے کہ ہم بطور پاکستانی ایک لاکھ ڈالر سال کا کما سکتے ہیں، کیوں ہم صرف لاکھ روپے کمانے میں پھنسے ہوئے ہیں۔ ہمیں چاہئے ہے کہ ہم اُن ساری چیزوں سے فائدہ اٹھائیں، جو ہمارے لئے فائدہ مند ہیں، اور ہمارے لئے available ہیں۔

ہم ایک بہترین وقت میں پیدا ہوئے ہیں، ہم ایک بہترین ملک میں رہتے ہیں جہاں پر یہ ساری چیزیں available ہیں۔ ہمیں اِن سے فائدہ اٹھانا چاہئے۔ ان ساری چیزوں کو جن سے disadvantage ہے، اُسے چھوڑ دیں، ہر ملک میں disadvantages ہوتے ہیں، امریکہ میں ایک چھوٹی سی چائے کی دکان کھولنے کیلیئے ڈھائی ہزار ڈالرز کے لائسنسز چاہئے ہوتے ہیں، آپ کے ملک میں تو نہیں چاہئے ہوتے؟ امریکہ میں 35 سے 40 فیصد آپ کو ٹیکس دینا ہوتا ہے۔ پاکستان میں ہم امریکہ سے نسبتاً کم ٹیکس ادا کرتے ہیں۔ کیا آپ ٹیکس دیتے ہیں؟ اور کتنا ٹیکس دیتے ہیں؟ ہمیں اِن ساری چیزوں کا فائدہ اٹھانا ہے اور اپنے آپ کو strong کرنا ہے۔ اپنے ملک کو strong کرنا ہے۔ جب آپ strong ہوں گے تو خود بخود آپ کا ملک strong ہونا شروع ہو جائے گا۔ اگر آپ لاکھ روپے مہینہ کمانا شروع کر دیں گے یا پانچ لاکھ روپے مہینہ کمانا شروع کر دیں گے تو آپ یقیناً خرچ بھی کریں گے، تو خود بخود ترقی سے آپ کو بھی فائدہ ہوگا اور آپکے آس پاس موجود لوگوں کو بھی فائدہ ہوگا۔

میرا نام ہے ریحان اللہ والا۔ اپنی بات آپ تک پہنچانے میں اگر مجھ سے کوئی غلطی ہوگئی ہو تو اس کیلئے معذرت چاہتا ہوں۔ آپ میری تصحیح کر سکتے ہیں، مجھ سے رابطہ کر سکتے ہیں۔ میری Facebook آئی ڈی ہے www.facebook.com/rehan33

مزید معلومات کے لئے www.rehan.com visit کریں

Facebook کے لیے www.facebook.com/rehan33

میرے فیس بک پیج کو Like کریں Facebook.com/RehanAllahwala

اور موبائل پر updates کے لئے "F RehanAllahwala" لکھ کر 40404 پر sms کریں۔

شکریہ